Usability und User Experience der Social Media Plattform Instagram

Bibliografische Information der Deutschen Nationalbibliothek:

Die Deutsche Nationalbibliothek verzeichnet diese Publikation in der Deutschen Nationalbibliografie; detaillierte bibliografische Daten sind im Internet über http://dnb.d-nb.de abrufbar.

ISBN: 9783346534545
Dieses Buch ist auch als E-Book erhältlich.

© GRIN Publishing GmbH
Nymphenburger Straße 86
80636 München

Druck und Bindung: Books on Demand GmbH, Norderstedt Germany
Gedruckt auf säurefreiem Papier aus verantwortungsvollen Quellen

Das vorliegende Werk wurde sorgfältig erarbeitet. Dennoch übernehmen Autoren und Verlag für die Richtigkeit von Angaben, Hinweisen, Links und Ratschlägen sowie eventuelle Druckfehler keine Haftung.

Das Buch bei GRIN: https://www.grin.com/document/1147828

FOM Hochschule für Oekonomie & Management Essen

Standort Aachen

Berufsbegleitender Studiengang zum

Bachelor of Arts (B.A.)

Marketing und Digitale Medien

4. Semester

Scientific Essay:

Usability und User Experience am Beispiel der

Social Media Plattform Instagram

in dem Modul:

Usability/Webdesign/Webanalytics

Abgabedatum: 08.08.2021

I. Inhaltsverzeichnis

II.   Abbildungsverzeichnis

1 Einleitung

Im Zusammenhang mit Sozialen Medien wird sich häufig mit Werbung beschäftigt, jedoch nicht mit grundlegenden Designaspekten, die eine App besitzen sollte, um erfolgreich auf dem Markt zu funktionieren und für eine hohe Usability und User Experience entscheidend sind.

Die Begriffe Usability und User Experience sowie deren Unterschiede werden zu Beginn des Scientific Essays aufgezeigt.

Anschließend wird der Essay durch die Definition von der Plattform Instagram fortgeführt.

In diesem Zusammenhang stellt sich die Forschungsfrage und Problemstellung: Wie gut ist die Usability von Instagram? welcher in der Arbeit nachgegangen wird.

Der Essay wird anschließend durch ein Fazit abgerundet.

2 Definition „Usability"

Der Begriff Usability stammt aus dem Englischen und setzt sich aus den Begriffen „to use" (benötigen, nutzen) und „ability" (Fähigkeit) zusammen. Usability beschreibt die allgemeine Benutzerfreundlickeit eines Produkts während der Anwendung. Für digitale Produkte wie die App Instagram ist das etwa die einfache Bedienung, das Design sowie die Schnelligkeit, welche zu einer guten Usability beitragen.

Die Usability ist somit ein Maßstab dafür, wie gut ein Benutzer ein Produkt oder eine Dienstleistung in einem speziellen Nutzungskontext verwenden kann, um gewünschte Ziele effizient, effektiv und zufriedenstellend zu erreichen.[1]

Um eine Auswirkung auf die Usability zu erzielen, muss das Konzept in Verbindung mit den folgenden fünf Merkmalen gesetzt werden[2]::

1. Learnability (Erlernbarkeit): Der Benutzer soll in der Lage sein, die App schnell kennenzulernen
2. Efficiency (Effektivität): Sobald der Benutzer mit der App vertraut ist, soll eine hohe Nutzung der App erzielt werden

---

[1] Vgl. *Eller, B.*, Usability Engineering in der Anwendungsentwicklung, 2009, S. 60
[2] Vgl. *Nielsen, J.*, Usability Engineering, 1993, S. 26

3. Memorability (Einprägsamkeit): Auch nach längerer Inaktivität der Nutzung soll der Benutzer sich in der App schnell zurechtfinden

4. Few errors (wenige Fehler): Eine geringe Fehlerrate der App gilt als Voraussetzung, denn Abstürze sollten vermieden werden

5. Satisfaction (Zufriedenheit): Benutzer sollen die App einfach bedienen können und diese gerne nutzen wollen

Abbildung 1: Usability Begriffsmodell nach Nielsen

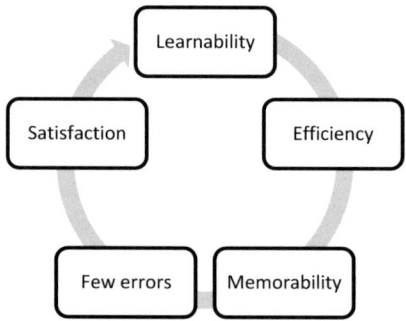

Quelle: Eigene Darstellung

Für eine gute Usability ist die Beachtung von verschiedenen Kriterien existenziell. Dazu gehört die Ladezeit- und dauer, welche optimal funktionieren muss. Die Kriterien der Usability stehen in einem engen Zusammenhang mit den unternehmerischen Zielen, welche beispielsweise die Neukundenakquisition und Umsatzsteigerung, etc. sein können. [3] Das Hauptziel der Usability beseht darin, dass der Nutzer seine Tätigkeit zufriedenstellend und ohne auftretende Verzögerungen problemlos durchführen kann.[4]

---

[3] Vgl. *Balzert, H.,* Lehrbuch der Softwaretechnik: Basiskonzepte und Requirements Engineering, 2019, S. 2 -18

[4] Vgl. *Gralak, M., et al.,* Schnelleinstieg App Usability: Benutzbare mobile Oberflächen entwerfen, Usability-Tests durchführen, Smartphone-Eigenschaften nutzen, 2015, S. 2

3 Definition „User Experience"

Die User Experience beschreibt die Nutzererfahrung, die Nutzerinnen und Nutzer vor, während und nach der Nutzung mit einem Produkt oder einer Dienstleistung machen. Dabei gilt es, die Freude an der Nutzung sicher zu stellen. [5]

Neben den genannten Eigenschaften und Kriterien spielen auch externe Faktoren eine große Rolle.

Optimierte Webseiten haben mehr Besucher und erzeugen eine höhere Aufmerksamkeit. Tendenziell generieren diese auch mehr Kunden.[6] Bei der User Experience zählen allerdings auch die inneren Werte. Einerseits gilt es, Ziele effektiv und effizient zu erreichen, andererseits sind Qualitäten wie Motivation, Glaubwürdigkeit, Freude an der Nutzung, kommunizierte Unternehmens- bzw. Markenidentität und auch Ästhetik genauso wichtig.

Die User Experience bestimmt, ob und wie lange ein Produkt genutzt wird. Sie wirkt sich nicht nur auf die unmittelbare Nutzung der App aus, sondern auch auf die Markenwahrnehmung und darauf, ob ein Nutzer eine Anwendung weiterempfiehlt. Dies kann für Unternehmen zu gesteigertem Umsatz und Gewinn führen.

4 Unterschiede von Usability und User Experience

Der Unterschied zwischen Usability und User Experience besteht darin, dass bei der Usability direkt das Produkt beziehungsweise das System verändert werden kann, bei der User Experience jedoch versucht werden muss, die Rahmenbedingungen so zu schaffen, dass sie zu einem positiven Nutzererlebnis führen.Die User Experience bildet also nicht nur das Erlebnis während der Nutzung selbst ab, sondern berücksichtigt die Gesamtheit aller subjektiven Erfahrungen, die mit dem Produkt gemacht werden.[7] Direkt beeinflussen kann ein Unternehmen den Prozess somit hauptsächlich durch die Usability.[8]

---

[5]Vgl. *Arndt, H.*, Supply Chain Management, 2006, S. 80; *Stapelkamp, T.*, Informationsvisualisierung, 2013, S. 425
[6] Vgl. *Preim, B., et al.*, Interaktive Systeme, 2015, S. 24
[7] Vgl. https://blog.hubspot.de/marketing/user-experience, Zugriff am 06.08.2021
[8] Vgl. *Rihl, G.*, Science/Culture: Multimedia: Kreativstrategien der multimedialen Wissensvermittlung, 2007, S. 92

Die Usability macht die Verwendung des Produktes möglich und die User Experience sorgt dafür, dass der Nutzer das Produkt nach den gewünschten Anforderungen erhält.[9]

5   Definition Social Media Platform „Instagram"

Instagram ist ein kostenloses, soziales Netzwerk, welches 2012 von der Facebook Inc. aufgekauft wurde. Die Plattform bietet die Möglichkeit, Bilder und Videos hochzuladen und diese mit Freunden zu teilen, Beiträge zu liken und zu kommentieren sowie Nachrichten zu senden. Im Jahr 2016 erreichte das soziale Netzwerk 500 Millionen aktive Mitglieder.[10]

Die Möglichkeiten für Unternehmen, Marketing innerhalb von Instagram zu betreiben bestehen darin, einen eigenen Account zu erstellen, Beiträge hochzuladen, mit Nutzern zu agieren und Werbung über die eigene Seite oder Influencer zu schalten sowie Produkte im Instagram Shop anzubieten. Nutzerzahlen sowie Werbemöglichkeiten steigen bei Instagram stetig.[11]

6   Usability und User Experience am Beispiel der App Instagram

Im Folgenden werden verschiedene Aspekte der Usability und User Experience der App Instagram aufgezeigt.

6.1   Download und die erste Anmeldung in der App

Nach dem Herunterladen der App legt der Nutzer einen Account (Konto) bei Instagram an.

Es gibt einfache, kurze Anleitungen der App, welche dazu einladen, interaktiv mit der App zu lernen und die Benutzeroberfläche selbst zu erkunden. Instagram schlägt vor, Personen zu folgen, die der Nutzer kennt, das eigene Profil zu vervollständigen oder ein Bild hochzuladen.

Gibt es auch später noch Neuerungen in der App, werden diese wie bei der ersten Anmeldung dem Nutzer interaktiv beigebracht.

---

[9] Vgl. *Spolsky, J.*, User Interface Design for Programmers, 2001, S. 130, *Krannich, D.*, Mobile System Design: Herausforderungen, Anforderungen und Lösungsansätze für Design, Implementierung und Usability-Testing Mobiler Systeme, 2010, S. 82
[10] Vgl. https://unternehmer.de/lexikon/online-marketing-lexikon/instagram/, Zugriff am 06.08.2021
[11] Vgl. https://www.famefact.com/glossar-online-marketing/instagram-definition/, Zugriff am 06.08.2021

Abbildung 2: Startseite bei Instagram nach erster Anmeldung

Quelle: Screenshot über Instagram (Erste Anmeldung, 2021): Erste Anmeldung bei Instagram, (06.08.2021)

6.2 Anordnung der Symbole in der App

Die Symbole im unteren Teil der App sind so angeordnet, dass die natürliche Handhaltung dem Benutzer den Zugriff auf die am häufigsten verwendeten Funktionen ermöglicht. Damals waren es der Home-Bildschirm (Startseite), die Suche und die „Entdecken" Seite, die Ansicht der neuen Benachrichtigungen und das eigene Profil,

mittlerweile hat Instagram sich hier etwas umstrukturiert und bietet nun die Symbole Home-Bildschirm (Startseite), die Suche, Reels (kurze Videos), Instagram Shop und das eigene Profil an.

Abbildung 3: Symbolleiste von Instagram

Quelle: Screenshot über Instagram (Symbolleiste, 2021):Symbolleiste, (06.08.2021)

Hier werden die Auswirkungen des schnellen Wandels in den sozialen Medien sehr deutlich. Instagram hat das Symbol der Reels, also kurzen Videos, mit in ihr Symbolportfolio aufgenommen, da diese derzeit sehr gut bei den Nutzern ankommen und den Videos der App „Tik Tok" sehr ähneln. Die App „TikTok" ist derzeit auf dem chinesischen Markt am erfolgreichsten, in Deutschland steigen die Nutzerzahlen allerdings rasant.[12]

Der Shop bietet eine gute Möglichkeit für Unternehmen, ihre Produkte über Instagram anzubieten und Nutzer mit einem „Call to Action" Button direkt auf ihren Online-Shop weiterzuleiten. Die App nimmt stetig Anpassungen nach aktuellen Trends vor.

6.3 Instagram Storys

Eine Story kann über verschiedene Wege hochgeladen werden. Befindet der Nutzer sich auf der eigenen Seite, kann er über längeres Halten auf das eigene Profilbild eine Story hochladen. Befindet der Nutzer sich auf der Startseite, kann er dies hier genauso tun oder mit einem Wisch nach links die Kamera öffnen, um eine Story hochzuladen. Hier hat der Nutzer die Möglichkeit ein Foto oder Video zu machen und dieses direkt zu verwenden oder ein Foto bzw. Video aus der Galerie hochzuladen. Anschließend besteht die Möglichkeit, einen Filter über die Datei zu legen oder andere Funktionen, wie das Verlinken von Personen oder Orten sowie ein Zeichentool zu verwenden.

Schaut sich der Nutzer eine Story einer anderen Person an, stellt Instagram Zeitsträhle bereit, an denen sich der Nutzer orientieren kann. Hierüber ist ersichtlich, wie viele Storys der Nutzer hochgeladen hat.

Die Dauer der Wiedergabe von Fotos in Storys ist immer gleich lang, die der Videos variiert je nach Länge des Videos. Um Videos zu kürzen, teilt Instagram sie vorab in 15 Sekunden Clips ein. Hierdurch kann der Nutzer jeweils 15 Sekunden seines Videos entfernen, falls dies gewünscht ist. Die maximale Länge für das Hochladen eines Videos beträgt 60 Sekunden.

---

[12] Vgl. https://www.futurebiz.de/artikel/tiktok-statistiken-2019/, Zugriff am 06.08.2021

Abbildung 4: Balken/Zeitsträhle in Instagram Storys

Quelle: Screenshot Instagram Account XXX (Balken/Zeitstrahl, 2021): Zeitstrahl/ Balken Instagram Story, (06.08.2021), <XXX> [06.08.2021]

6.4 Neue Funktionen und Änderungen von Instagram

Früher zog sich die Farbe hellblau durch die gesamte App. Mittlerweile hat die App ein Erscheinungsbild mit schwarzen Symbolen und Text.

Dem Nutzer ist freigestellt, in welcher Farbe er sich das App Symol auf seinen Home Bildschirm legt. Dies kann in den Einstellungen angepasst werden.

Alle Nutzer haben seit 2021 die Möglichkeit, selbst zu entscheiden, ob die Anzahl der Likes für den eigenen Beitrag für andere Nutzer sichtbar ist.

Über die Call-to Action Buttons können Instagram Nutzer ihre Adressdaten, wie bei-spielsweise ihre E-Mail-Adresse, hinterlegen, damit andere sie kontaktieren können. Vor allem für Influencer ist dieses Tool sehr hilfreich, um Aufträge zu generieren.

Von IGTV (Instagram TV) Videos werden mittlerweile Vorschauen auf der Startseite angezeigt, um einen ersten Eindruck von einem Video zu erhalten, ohne direkt auf IGTV zu wechseln.

Seit 2020 können Nutzer ihre eigenen Filter erstellen und diese zur Freigabe an Instagram schicken. Anschließend können diese Filter von allen Nutzern bei Instagram für die Story verwendet werden.

In den Direct Messages (Direktnachrichten/private Nachrichten) war es bei WhatsApp schon lange möglich, Sprachnachrichten zu schicken. Instagram bietet diese Funktion ebenfalls an, jedoch ist die Länge der Nachricht auf 60 Sekunden beschränkt. Das Mikrofon-Symbol kann über die ganze Länge der Sprachnachricht gedrückt gehalten werden oder über ein Schloss fixiert werden um „freihändig" zu sprechen, was bei längeren Nachrichten hilfreich sein kann.

Die „Enge Freunde Liste" gibt es schon eine Weile bei Instagram. Neu ist allerdings, dass es für Nutzer möglich ist, nur mit diesen Freunden Storys zu teilen. Ob der Nutzer eine Story sieht, die nur für „Enge Freunde" freigegeben wurde, ist über das grüne Zeichen bzw. den grünen Ring um das Profilbild der Person ersichtlich.

Über die Musik App Spotify besteht die Möglichkeit, Playlists in der Instagram Story zu teilen.

Die Shopping Funktion gibt es seit ca. einem Jahr auf Instagram. Neu ist der persönliche Warenkorb, in welchem der Nutzer Produkte aus Shopping Beiträgen direkt in der App „sammeln" kann.

Über Nametags können Freunde oder Unternehmen noch einfacher hinzugefügt werden. Nametags funktionieren ähnlich wie Barcodes und können über die Kamera gescannt werden.

6.5 Effizienz

Nach einer Weile ist die App einfach zu verstehen und der Nutzer muss kaum Zeit verbringen, Funktionen neu zu erlernen. Es ist schnell und einfach, Bilder hochzuladen, durch das Feed zu scrollen, das eigene Profil anzusehen und andere Nutzer zu entdecken und diesen zu folgen.

6.6 Anmeldung- und Abmeldung

Bei Instagram bleibt der Nutzer normalerweise angemeldet, bis er sich wieder abmeldet. Öffnet der Nutzer die App, ist er automatisch angemeldet. Genauso stehen dem Nutzer verknüpfte Accounts zur Verfügung, welche mit demselben Kennwort oder einem anderen Kennwort gespeichert werden können.

6.7 Suche

Über die Suche können Personen, Hashtags oder Orte eingegeben werden. Die Suche schlägt Personen vor, denen ein Nutzer folgt oder welche sich der Nutzer des Öfteren angeschaut hat. Diesen Suchverlauf kann der Nutzer auch löschen.

6.8 Fehler

Instagram zeigt an, wenn etwas nicht hochgeladen werden konnte und warum der Upload fehlgeschlagen ist. Das folgende Beispiel zeigt, dass das Foto nicht hochgeladen werden konnte, da keine Internetverbindung bestand.

7 Abschluss (Fazit und Beantwortung der Forschungsfrage)

Alles in Allem ist Instagram eine sehr übersichtliche App, welche eine sehr hohe Usability aufweist. An der App ist ersichtlich, dass diese mit vielen Experten durchgespielt und optimiert wurde. Die stetigen Anpassungen beweisen, dass Instagram sich mit den aktuellen Trends auf dem Markt befasst und diese schnell anwendet. Die Forschungsfrage „Wie gut ist die Usability von Instagram"? kann also positiv bewertet werden.

Allerdings gibt es kleine Optionen, die Instagram sich bei anderen Apps abgucken,- oder generell verbessern könnte. Hierzu zählt beispielsweise die Möglichkeit, eine Anmeldung mit mehr als fünf Accounts gleichzeitig anzubieten. Mitarbeiter, die in Unternehmen für die sozialen Medien arbeiten, benötigen teilweise mehr Zugänge als fünf Stück. Es wäre praktisch, wenn Instagram hier die Möglichkeiten der zeitgleichen Anmeldungen erhöhen könnte. Wie oben genannt kann die Dauer der Fotos in Storys nicht individuell festgelegt werden. Bei Apps wie Snapchat geht dies jedoch. Videos mit mehr als 15 Sekunden werden in 15 Sekunden Clips aufgeteilt und können nicht sekundengenau geschnitten werden.

Genauso sind Sprachnachrichten nur mit einer Länge von 60 Sekunden möglich, bei WhatsApp jedoch länger. Es ist für den Nutzer störend, immer wieder neue Sprachnachrichten zu beginnen, wenn die Länge beschränkt ist.

Hinsichtlich der User Experience ist Instagram ein sehr positives Produkt. Nutzern macht die App Spaß, sie können Ausschnitte aus ihrem Leben mit anderen teilen und sich hierüber austauschen.

Durch die App bekommen viele Nutzer Anerkennung und können mit anderen Personen in Kontakt treten, was eine positive Nutzererfahrung zur Folge hat. Viele Nutzer nutzen die App über Jahre und sind auch sehr aktiv.

Die App ist eine der führenden Apps auf dem Weltmarkt und das nicht ohne Grund.

III. Literaturverzeichnis

Arndt, Holger (Supply Chain, 2006): Supply Chain Management, Wiesbaden: Springer Gabler, 2006

Balzert, Helmut (Softwaretechnik, 2009): Lehrbuch der Softwaretechnik: Basiskonzepte und Requirements Engineering, Wiesbaden: Springer Gabler, 2009

Eller, Brigitte (Usability Engineering, 2009): Usability Engineering in der Anwendungsentwicklung, Wiesbaden: Springer Gabler, 2009

Gralak, Michael, Stark, Thorsten (Einstieg Usability, 2015): Schnelleinstieg App Usability: Benutzbare mobile Oberflächen entwerfen, Usability-Tests durchführen, Smartphone-Eigenschaften nutzen, München: Franzis Verlag, 2015

Krannich, Dennis (Mobile Systeme, 2010): Mobile System Design: Herausforderungen, Anforderungen und Lösungsansätze für Design, Implementierung und Usability-Testing Mobiler Systeme, Books on Demand, 2010

Nielsen, Jakob (Usability, 1993): Usability Engineering, Cambridge: Academic Press Inc, 1994

Preim, Bernhard, Dachselt, Raimund (User Interface Engineering, 2015): Interaktive Systeme, Wiesbaden: Springer Gabler, 2015

Rihl, Gerhard, (Multimedia, 2007): Science/Culture: Multimedia: Kreativstrategien der multimedialen Wissensvermittlung, Wien: facultas.wuv Universitätsverlag, 2007

Spolsky, Avram Joel (Interface Design, 2001): User Interface Design for Programmers, New York: Apress Media, 2001

Stapelkamp, Torsten (Informationsarchitektur, 2013): Informationsvisualisierung, Wiesbaden: Springer Gabler, 2013

Internetquellen

Haase, Alex (User Experience, Usability): Was ist der Unterschied zwischen User Experience, Usability & UX Design?, <https://blog.hubspot.de/marketing/user-experience> (23.03.2021) [Zugriff 2021-08-06]

Unternehmer.de (Definition Instagram): Die Social-Media Plattform: Instagram, <https://unternehmer.de/lexikon/online-marketing-lexikon/instagram> [Zugriff 2021-08-06]

famefact | track by track GmbH (Definiton Instagram): Instagram Definition, <https://www.famefact.com/glossar-online-marketing/instagram-definition/> [Zugriff 2021-08-06]

Brandpunkt GmbH (Statistik TikTok): TikTok Statistiken 2020: 100 Mio. Nutzer in Europa & über 800 Mio. weltweit, <https://ww.famefact.com/glossar-online-marketing/instagram-definition/> (15.09.2020) [Zugriff 2021-08-06]